目次

- プロローグ ... 4
- 山本家の紹介 ... 9
- 風水って何? ... 10
- 五行と運気の関係 ... 12

第1章 間取りを見てもらおう の巻
- 鬼門・裏鬼門って何? ... 13
- 8方位が持つ運気と意味 ... 19
- 間取りと方位の相性 ... 22
- かけ・はりって何? ... 24

第2章 我が家の玄関は鬼門!? の巻
- 鏡の選び方 ... 28
- くつの扱い方 ... 29
- 幸せを引き寄せるラッキーフラワー ... 33
- **Lucky Column** ... 39
- これはNG! 玄関編 ... 41
- 理想の玄関はこれ! ... 42
  ... 44

第3章 リビングは家族の運を上げる! の巻
- 表札はつけたほうが良い? ... 46
- 開運部屋に欠かせない3つのキーワード ... 47
- 神棚の置き方 ... 53
- 理想のリビングはこれ! ... 58
- これはNG! リビング編 ... 60
  ... 62

第4章 キッチンは気が乱流しやすい!? の巻
- キッチン収納のポイント ... 63
- 理想のキッチンはこれ! ... 73
- これはNG! キッチン編 ... 74
- **Lucky Column** 運気がアップするラッキーメニュー ... 76
  ... 78

第5章 仕事運が上がる仕事部屋にしたい! の巻
- これはNG! 仕事部屋編 ... 79
- 職業別 開運インテリア ... 86
  ... 90

理想の仕事部屋はこれ！

Lucky Column
ほしい運気を高めるラッキーアート・フォト

第6章 寝室の環境が健康運を決める!?の巻

これはNG！ 寝室編

理想の寝室はこれ！

Lucky Column
運気を引き寄せるラッキーモチーフ

枕の方位がもたらす運気

衣類収納のポイント

第7章 明るいトイレが運気を上げる!?の巻

これはNG！ トイレ編

理想のトイレはこれ！

Lucky Column
インテリア選びに役立つ色の開運パワー

第8章 浴室は厄落としの場所 の巻

これはNG！ 浴室編

92　94　95　100　105　106　108　110　111　118　120　122　123　130

理想の浴室はこれ！

Lucky Column
身につけて開運！アクセサリー＆パワーストーン

第9章 物置をスッキリさせて開運！の巻

これはNG！ 物置編

これを捨てれば運気回復

第10章 子ども部屋や外観も運気を左右する！の巻

理想の子ども部屋はこれ！

子ども部屋に関するギモン スッキリ解決！

どんなパワーが強くなる？ 子ども部屋の方位

土地を選ぶなら？

屋根の色を選ぶなら？

外壁の色を選ぶなら？

エピローグ

132　134　135　144　146　147　150　152　153　154　155　156　158

\ 山本家の紹介 /

山本あり
調理師免許も持っていてこの家の料理担当。
主な居場所はキッチンと仕事部屋
ときどきリビング。
自宅兼仕事場なので仕事運が気になる。
アラフォーになり、健康も気がかり。

ヨウさん(夫)
平日は会社員。この家の掃除担当で、
きれい好きのミニマリスト。
落ち着く居場所はリビングのソファー。
運動不足のため、
健康運がほしいと思っている。

ねこのニケ
10歳のメスねこ。
マイペースな性格でよくぼーっとしている。
山本家の癒やしの存在。

カメのちゃろさん
32歳のクサガメ。
山本の実家で飼っていたが、
今回の引っ越しと同時に引き取り、
一緒に暮らし始めた。

風水って何?

風水は「気」を利用して幸せになるための環境学

風水は約4千年前に生まれた中国の学問のひとつであり、「気」の力を利用して人々の生活をより良くするための環境学です。古代中国の王族や権力者たちは風水の考え方に従って王宮を建てたり、戦に勝利をもたらしたり、国の統治にも風水を活用しました。その後、風水は日本にも伝わり、京都御所や江戸城など歴史に残る建造物の中には、風水の考え方を取り入れたものが多くあります。

風水は「これをすれば幸運が舞い込む」といったおまじないや迷信ではなく、より幸せになるための生活の整え方。時代を超えて受け継がれてきた風水の知恵を自分に合う手法にアレンジして、楽しく軽やかに取り入れましょう。

万物に宿る「気」のエネルギーを味方につける風水の考え方

風水で活用する「気」は、生き物や物体が持っているエネルギーのこと。家の中の気を円滑にうまく流れるようにすると、気分もスッキリして運気もアップ、そして幸せも呼び込めるといわれます。反対に気の流れが滞ると、運気も停滞しがちに…。

風水では、いかに「悪い気」を家の外に出し、「良い気」を家の中に呼び込むかで、長くとどめておけるかが重要なのです。そのために家具の配置や色を工夫し、常に良いエネルギーが循環できるように部屋を整えます。

そして風水で整えた部屋をこまめに掃除して、スッキリと清潔に気持ちよくキープするのも、風水の力を最大限に活かすポイント。幸せになるための部屋づくりに風水の知恵を活かして、風水の力を味方につけましょう。

10

風水の基本は五行(ごぎょう)説 バランス取って運気アップ

風水は、古代中国の「五行」をベースにしています。

五行とは、自然界に存在するものは「木・火・土(ど)・金(こん)・水(すい)」の5つの要素から成り立ち、それぞれが影響を与え合っているという考え方です。

5つの要素のうち、お互いを助けて良い影響を与え合う関係を「相生(そうしょう)」。反発し、お互いの良い部分を消し合う関係を「相剋(そうこく)」といいます。例えば木は燃えて火となり、火は燃えると土(灰)になるので、相性が良い「相生」の関係。反対に水は火を消し、火は金属を溶かしてしまうため、相性の悪い「相剋」の関係になります。

5つの要素が偏りなくバランスの良い状態が、気が整った良い状態です。例えばキッチンには「火」と「水」という相剋関係のものが共存していますが、それを和らげるために気のバランスを整える作用のある観葉植物を置くと良いと考えます。

このように五行の考え方を理解しておくと、相性が悪いものや気の流れが滞る場所があっても、それを緩和する対策が打てるようになります。

相生

互いに良い影響を与え、助け合って発展していく関係。

相克

互いが反発し合い、良いところを打ち消し合ってしまう関係。

【相生】
- 水は木を育てる
- 木は燃えて火を生む
- 火は燃えて灰と土を生じる
- 土中から金属類を産出する
- 金属は表面に水を生じさせる

【相克】
- 水は火を消す
- 木は土の養分を吸い取る
- 金物は木を切る
- 火は金属を溶かす
- 土は水を汚す

五行と運気の関係

意味 樹木が育ち成長する様子から、成長や発展、自由を意味します。
属するもの 樹木、木製品、紙、伸びていくもの、細長いものなど
関係する運気 恋愛運、結婚運、対人運

意味 火が燃え盛る様子から、物事が活発であることや情熱を意味します。
属するもの 火、燃えるもの、プラスチック製品、ビニール製品など
関係する運気 才能運、出世運、美容運

意味 土や大地のイメージから、万物を生み、支えることを意味します。
属するもの 大地、土でできたもの、陶器、平らなものなど
関係する運気 家庭運、仕事運

意味 金属や鉱物は硬いというイメージから、強固や確実を意味します。
属するもの 金属、宝石、金色のもの、ジュエリー、高級品など
関係する運気 金運

意味 水のイメージから、流れるもの、変化するものを意味します。
属するもの 水、液体、流れるもの、形のないものなど
関係する運気 健康運、子宝運

第1章

間取りを見てもらおうの巻

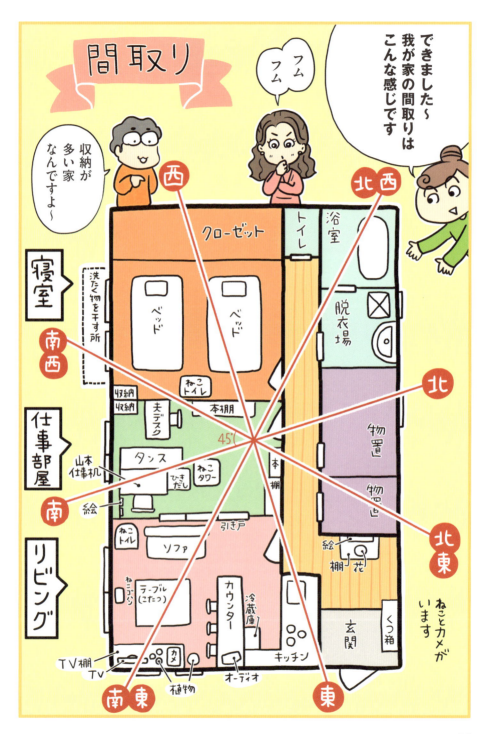

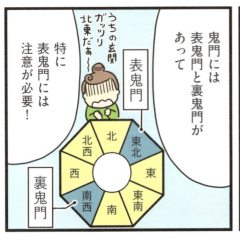

鬼門・裏鬼門って何?

鬼門は「北東」の方角を、裏鬼門はその対角にある「南西」をさします。風水ではこの鬼門・裏鬼門から「悪い気」が出入りするとされ、玄関やキッチン、トイレや風呂などの水回りがその方角にある場合は注意が必要です。

とはいえ集合住宅や設計上の問題など、思い通りに間取りを設定できない場合もあります。そんなときは風水的な対策をすればOK。

鬼門・裏鬼門にある玄関や水回りは常に清潔に保ち、「悪い気」が居座らないようによく換気を。邪気を払うとされる観葉植物や盛り塩を置くことで、悪い気が入りにくくなります。風水では何かがNGでも、必ずそれをリカバーできる対策があります。上手に利用して自宅を良いパワーで満たしましょう。

鬼門・裏鬼門の対策アイテム

掃除グッズ
清潔にして良い気を招き入れれば、
凶作用を緩和できます。

観葉植物
どんな部屋にもマッチし、
気を浄化する万能アイテム。

盛り塩
強いお清め効果があります。
鬼門・裏鬼門の玄関におすすめ。

8方位が持つ 運気と意味

北

健康運や子宝運に関係するパワーを持っています。また、静かで落ち着く方位なので、集中したりじっくり計画を立てたりするのに良い方位。お金を休ませる（＝保管しておく）場所として最適とされています。

東北

鬼門ですが、清潔に保ち邪気をブロックすれば不動産運や貯蓄運がアップ。忍耐力が養われる方位ともされています。特に家の主人や後継者が過ごす部屋にするとパワーが強く作用します。

東

朝日が昇る方位なので始まりのエネルギーが強く、発展や成長に関わるパワーを持ちます。音との相性も良いので、テレビやオーディオ、楽器など、音が出るものを置く場所にすると良いとされます。

西

なんといっても金運に関わる方位。金をイメージさせる光り輝くものや高級感のあるもの、黄色いものと相性が良いので、インテリアに取り入れると吉。普段使いのお財布や通帳などの保管場所としても最適です。

東南

コミュニケーション力をもたらすため対人運に関係し、特に恋愛運や結婚運に強いとされています。若い女性が過ごす部屋におすすめ。香りの良いものと相性が良いので、花やフレグランスを置くと運気アップ。

北西

仕事運に関係する方位で、良い気を引き寄せれば出世運、スポンサー運、信頼運、リーダーシップ力、勝負強さなどがもたらされます。格の高い方位で一家の主人に影響する力が大きく、家庭安定に重要な方位です。

南

日の光をたっぷり取り入れられるため「陽」のエネルギーが強く、ひらめきと才能運に関わる方位。美的センスが養われる方位ともされています。クリエイターや芸術家が過ごす部屋におすすめです。

南西

裏鬼門ですが、清潔を保てば問題ありません。穏やかな気が流れ、安定や落ち着きをもたらす方位とされています。良い状態にしておけば、家庭運や仕事運がアップ。家庭の主婦が過ごす部屋におすすめです。

それぞれの方位が持つパワーを味方につければ、ほしい運気を高めていくこともできますよ！

間取りと方位の相性

東南	東	東北	北	
対人運や商売繁盛を招きます。花を飾ると恋愛運もアップ。	朝から良い気が入ります。ドアに鈴をつけるとさらに吉。	鬼門の玄関。悪い気が入りこまないよう、常に清潔に。	人間関係が冷え込みがちに。玄関マットを暖色系に。	玄関 2章
最高の方位。家庭も明るく、来客も多い明るい家に。	活気に満ちた健康な日々を過ごせます。午前中は窓を開けて。	換気と掃除を念入りに行えば、問題ありません。	運気は安定。家族の信頼関係が強くなります。	リビング 3章
女性の運気がアップ。ただし生ゴミの悪臭には要注意。	朝日のエネルギーが入るパワーキッチン。朝食はしっかりと。	鬼門の水回りなので注意。シンクに洗いものを残さないこと。	貯蓄運、子宝運、健康運がダウン。足元を暖かくして。	キッチン 4章
チームワークが大切な仕事におすすめ。デスクは木製が◎。	才能が引き出され、成長が望めます。音楽関係の職種に吉。	企画や開発などを考えるのにおすすめ。机まわりは整理を。	静かで集中できる最適の方位。研究や執筆におすすめ。	仕事部屋 5章

北西	西	南西	南
仕事運が上がりますが、忙しすぎて不在がちになる可能性も。	来客の多い、にぎやかな家に。汚れていると金運ダウン。	裏鬼門の玄関。清潔を保ち、玄関マットは青や緑がおすすめ。	美的センスアップ。水と相性が悪いので、水滴を残さないように。
仕事運、勝負運がつき、出世します。重厚感のある家具が吉。	自営業の人におすすめ。商売繁盛の運気を高めます。	和室のリビングに最適。穏やかで静かな落ち着いた家庭に。	居心地が良く、家族が集まるリビングに。水槽はNG。
女性が主導権を握りがちですが、大きな問題はありません。	衝動買いや無駄遣いが増えます。夏は食品管理に気をつけて。	忍耐力が下がり貯金がたまりません。換気と掃除をこまめに。	浪費ぐせに注意。カトラリーを磨いて金運ダウンを防いで。
収入に結びつく仕事運がアップ。投資を考えるのも良し。	娯楽に気が散り、集中できません。落ち着く部屋づくりを。	集中力が続きにくいので不向き。ときどき使う程度に。	クリエイティブな職種におすすめ。ひらめきがアップします。

間取りと方位の相性

東南	東	東北	北	
恋愛運を上げたい女性におすすめ。良い香りのものを置いて。	若い人や子どもの寝室に。朝起きたら一番に窓を開けましょう。	窓があると運気が乱れやすくなるため、寝るときは閉めて。	熟睡できるベストの方位。子宝運アップにも期待できます。	寝室 6章
悪臭が運気ダウンのもとに。におい対策をしっかりと。	やる気をなくしてしまいがち。こまめな換気を心がけて。	鬼門のトイレなので要注意。とにかく清潔に保つことが大切。	健康運がダウン。トイレマットなどインテリアは暖色系に。	トイレ 7章
美容運アップで良縁につながります。香りの良いバスグッズを。	厄落としに最適の方位。音楽を楽しみながら入浴を楽しんで。	心身ともに体調を崩しがちに。バスグッズを清潔にして。	夫婦仲が冷えてしまうかも。ラッキーアイテムはバスマット。	浴室 8章
遠方と相性が良いので旅行用品などをしまうには吉。	物置にするにはもったいない方位。ほかの部屋に使いましょう。	不動産や相続に関する書類などの保管場所におすすめ。	貯蓄運を持ち、大きな契約書や定期預金通帳の保管に◎。	物置 9章

北西	西	南西	南
出世、評価につながり、仕事運アップ。働き盛りの男性に吉。	年配者の寝室におすすめ。リラックスして過ごせます。	夫婦で使うと家庭円満に。落ち着いた色合いの寝具が吉。	ひらめきが冴えます。ベッドの位置は窓側より部屋の内側へ。
体の不調が原因で仕事運が低迷。高級感のあるトイレにすると◎。	お金が流れ出てしまいます。ラッキーカラーの黄色で補って。	裏鬼門なので注意。運気ダウンを感じたら早めに対策を。	心身ともにバランスを崩しがち。におい対策と掃除は必須。
夫婦の愛が希薄に。リッチな気分を感じる入浴アイテムが吉。	お金使いが派手になりがち。西日を遮るブラインドをつけて。	湿気がたまると運気ダウンの原因に。換気を心がけましょう。	水と相性が悪いので、残り湯のためっぱなしはやめましょう。
仕事に関するもの、仏具など先祖に関するものの保管場所に。	お金に関するものや宝石を収納しておくと金運アップ。	整理整頓をさらんとしていれば、家庭が穏やかに。	日当たりの良い部屋なので物置には不向き。換気は十分に。

かけ・はりって何？

　家の形がシンプルな四角形ではなく、一部出っ張った部分を「はり」、引っ込んだ部分を「かけ」といいます。風水では家の形そのものが、吉か凶かの判断材料になるのです。

　「はり」は、その方角の持つ運気を強める吉相ですが、「かけ」は反対にその方角の持つ運気が弱まる凶相です。

　例えば、北西に「はり」があれば、家族みんなが健康で出世運もあり、子どももすくすく育つという吉相ですが、同じ北西でも「かけ」がある場合は、家長が短命になり、経済的に苦労する……という凶作用を引き寄せます。

　家の形に「かけ」がある場合は、家具の置き方やインテリアカラーなどを工夫して、負のパワーを弱めましょう。

はり
一辺の3分の1以下の出っ張りのこと。

かけ
一辺の3分の2以下の凹みのこと。

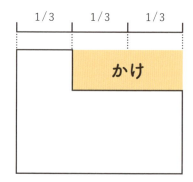

第2章

我が家の玄関は鬼門!?の巻

Lucky Column
幸せを引き寄せる ラッキーフラワー

花選びに迷ったときは、手に入れたい運気に合わせて花を選んでみましょう。
好きな花を飾るのも、もちろんOK。旬の花は特にパワーが強いです。

対人

カーネーション、カスミソウ など

金運

ヒマワリ、マーガレット など

恋愛

スイートピー、バラ など

健康

カラー、ラベンダー など

勝負

キキョウ、ダリア など

仕事

ヒヤシンス、ダリア など

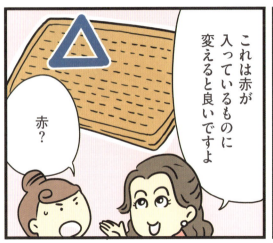

くつの扱い方

くつを大切に扱うことで、仕事運や金運が上がるとされています。
くつを見るとその人がわかるといわれるように、実はとても大切なアイテムです。

季節の異なるものは分けて収納する

夏物のサンダルの横に、冬物のブーツが並んでいるなど、季節の異なるものが混在していると、気が乱れて運気も安定しません。収納の際も、エリアを分けましょう。

くつを磨いて出かける

光沢を失ったくつには金運につながる仕事運がやってきません。大切な仕事がある日は、出勤前にくつを磨いていきましょう。仕事がうまくいくように心を込めて。

丁寧に保管する

保管するときは型崩れ防止のシューズキーパーを使ったり、履くときはくつべらを使ったりするなど、くつを丁寧に扱うことは仕事運アップにつながります。

かかとや靴底の修理をする

きれいで上質なくつは、その人の品格を上げます。いくらお気に入りでも、ぼろぼろでかかとが擦り減ったくつをいつまでも履き続けるのではなく修理に出しましょう。

鏡の選び方

開運アイテムといわれる鏡は何枚も置けばいいというものではありません。
特に合わせ鏡はNG。
汚れていると開運効果が弱まるのでこまめに磨きましょう。

フレームの素材や色は？

基本的には好みのものでOK。金色や黄色なら金運、ピンク色なら恋愛運アップも。

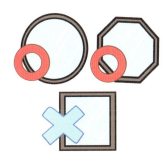

カタチは？

丸や楕円、八角形がおすすめ。四角い鏡は、良い気を跳ね返してしまうとされています。

大きさは？

顔全体が映る範囲ならOK。かけるタイプなら身長に合わせた高さに設置を。全身鏡もOK。出かける前に身だしなみのチェックを！

ドレッサーなら？

ドレッサーは美容運アップに◎。三面鏡なら美意識がより高まります。鏡のきれいさは美しさに比例するので、いつもピカピカに。

これはNG！
玄関編

ゴミやダンボールを置いている

不要なものを置いておくのは、玄関をゴミ箱にしているのと同じこと。これから捨てるつもりのゴミやダンボールの一時保管だとしても、何日も放置するのはやめましょう。

脱いだくつが出しっぱなし

脱いだくつで散らかっている玄関に、良い気は入ってきません。その日に履くくつを出すときに、前の日に履いたくつを交代に入れる習慣を。

折れた傘がささっている

壊れたものがいつまでもあると、そこに良い気が入ってきにくくなります。折れたまま使うのはもってのほか。濡れた傘はそのままにせず、必ず乾かしてから入れて。

レジャー用品置き場にしている

ゴルフバッグやスポーツ用品などレジャーに関するものを置いていると、遊びを優先するようになり仕事運がダウン。玄関以外の収納場所を決めて移動させましょう。

玄関に良い気を迎え入れるためには、ものをなくしてスッキリさせること。いつでもお客さんを招くつもりで、清潔にしておきましょう。

くつ箱にくつ以外のものを入れている

くつ箱は、くつを入れるための場所。専用の場所に関係ないものを入れる行動は、空気を読まない行動につながります。くつ以外に入れるなら、炭や除湿剤だけに。

くつから悪臭がしている

悪臭は悪い気を引き寄せます。くつから悪臭がしているとくつ箱の中にも充満し、悪い気の温床に。消臭剤で解消するか、それでもにおいがとれないくつは処分を。

「いってきます」「ただいま」を言わない

あいさつは良い気を運んできます。出がけはこれからの一日に、帰宅したら今日一日の感謝を込めて口に出しましょう。一人暮らしでも恥ずかしがらずに習慣に。

大切な写真を飾る

玄関は様々な気が入ってくるため、邪気も入ってきます。大切な人との写真を飾るとその人との思い出に悪い気がつき、関係を悪化させてしまうことも。

理想の玄関はこれ！

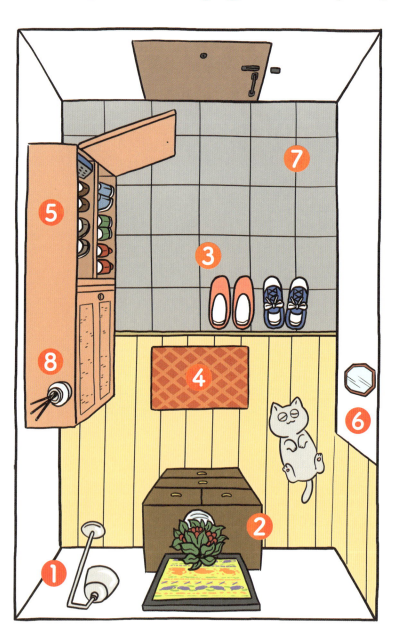

ポイントおさらい

❺ 整理されたくつ箱
悪臭がするくつ箱や、乱雑に入っているくつ箱には、良い気が入ってきません。浄化には炭を。くつの扱い方については39ページへ。

❶ 明るい照明
明るい玄関には、良い気が引き寄せられます。運気の出入口となる玄関は特に明るさを意識し、テーブルライトなどで照明をプラスしても。

❻ 鏡を飾る
対人運を上げたい人は入って右に、金運を上げたい人は入って左に配置しましょう。ただし両側に飾る合わせ鏡はNG。気を跳ね返してしまうとされています。

❷ 絵や生花を飾る
玄関は気の最初の出入口。明るい印象の絵や花を飾って、良い気を気分良く招き入れましょう。ドライフラワーは枯れた花なので避けて。

❼ きれいなたたき
たたきは、きれい＆スッキリが鉄則。1週間に一度は水拭きをするのが理想です。家に入る前にくつの土を落とす習慣をつけると掃除もラクに。

❸ 出しておくつは一人1足
たたきに出しておくつは、家族の人数分＋ゴミ捨て用のサンダル1足程度にとどめましょう。家に上がるときに、くつの向きをそろえる習慣を。

❽ アロマやお香などの良い香り
良い香りには、入ってきた悪い気を跳ね返し、良い気を呼ぶ効果があります。アロマやお香など、好みの香りで自分が心地いいと思うものを選んでみて。

❹ 赤い柄入りの玄関マット
玄関マットは外で体につけてきた厄を一度落として、家の中に持ち込まない役割があります。厄除け効果のある、赤い柄入りのものがおすすめです。

表札はつけたほうが良い？

表札は、自分がその家に住んでいることを神仏にしっかりアピールする開運方法のひとつ。神社仏閣などにお参りをする際に自分の住所と名前を言うと良いとされているように、神仏に対して自分の居場所を知らせると、迷うことなく自分のもとへ福をもたらしてくれるとされているのです。最近では防犯の都合上、つけないという人が多いので強制はできませんが、つけないよりはつけたほうが良いでしょう。

また、表札はその家に自分の居場所があるという安心感につながり、前向きな気持ちを植えつけてくれるものでもあります。

古くからいわれる理想の表札は、木製で、形は長方形、その家の主人の姓名を縦書きに浮き彫りにしたものでした。ただ、今はそこまで形にこだわる必要はありませんし、横書きでも苗字だけでも問題ありません。マンションなどはプレートの形が決まっている場合もあるので、住む家や環境に合わせて対応しましょう。神経質になると逆にストレスになってしまいます。自分が自信を持って家の顔として掲げられるものであることが大切です。そういう意味でも汚れた表札は運気ダウンのもと。定期的に磨き、いつでもきれいな状態に保っておくと良いでしょう。

表札は縦書きでも横書きでもかまいません。
シンプルなデザインで、読みやすいもののほうが良いでしょう。

第3章
リビングは家族の運を上げる！の巻

開運部屋に欠かせない3つのキーワード

風水において運気を引き寄せる部屋づくりの基本はこの3つ！
インテリアを変えなくても今すぐに見直せるポイントです。

風

良い気は湿気が大嫌い。風通しが良く、空気が入れ替えられている場所にやってきます。匂いや湿気がこもりやすい場所はこまめに換気をし、風に乗って入ってくる良い気を取り込みましょう。

光

良い気は、光り輝くものや明るい場所に引き寄せられてきます。室内では明るい照明を取り入れましょう。磨くと光り輝く金属品や鏡などは、さびやほこりで輝きを失わないようにこまめに手入れを。

美

お客様を招く以外のときも、清潔できれいな家にしておきたいもの。良い気に入ってきてもらうためには、いつでもその状態を保っておきましょう。悪臭や汚い部屋には悪い気が停滞してしまいます。

これはNG!
リビング編

季節外れの家電が出しっぱなし

季節を過ぎた家電が出ているのは、的外れな行為。タイミングを逃すなど、チャンスをものにできない体質に。時期を過ぎたら掃除をして片付けましょう。

ソファーに服を脱ぎ散らかす

脱いだ服をソファーに放ったままにしていると、汚れた服から悪い気が発生するうえに、リラックスするためのソファーが本来の役割を果たせず、運気も不安定に。

まったく開けない窓がある

窓は明るい光と良い気を取り込む場所です。できれば発展の気が入る朝一番に、窓を開けるのがベスト。高い棚などで窓をふさいでいるなら、すぐに場所を変えましょう。

ソファーで寝る

ソファーは寝るための場所ではないため、本来寝ているときに行われるエネルギーチャージができず、疲れがとれません。寝る場所が決まっていないと運気も不安定に。

リビングは家に占める範囲も大きいので、住んでいる人の運気を大きく左右します。くつろぎやすい部屋づくりを意識しましょう。

テレビのコードが絡まっている

電源まわりの配線コードが絡まっていると、トラブルに巻き込まれるなど人間関係も絡まりがちに。束ねてまとめるか、かごに入れるなどしてスッキリ整理して。

洗濯物が室内に干しっぱなし

室内干しは問題ありませんが、乾いたものを干しっぱなしにしていると、ずぼら体質を生じ家庭運ダウン。乾いた後はきれいに畳んで、収納場所へ。

エアコンを掃除していない

エアコンのフィルターが汚れていると、そこを通って出てくる空気もほこりを含み、悪い気が循環してしまいます。特に人間関係に影響するので、定期的に掃除して。

和室のリビングにじゅうたんを敷き詰める

畳に使われるイ草は植物なので、通気性を良くし呼吸させてあげることが必要。じゅうたんなどで敷き詰めてしまうと運気が停滞。敷くならラグなどで部分的に。

理想のリビングはこれ！

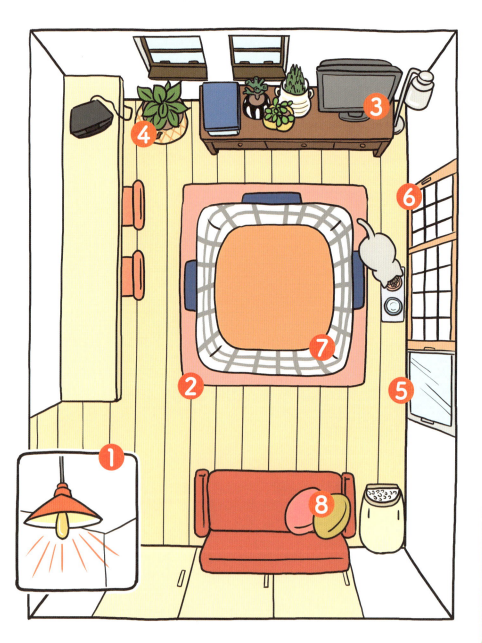

ポイントおさらい

❺ 磨かれた窓

窓がくもっていては、良い気は入ってきません。網戸も半年か1年に一度は掃除を。サンキャッチャーを吊るすと、輝きで運気が引き寄せられます。

❶ 白熱灯の照明

暖かみのある白熱灯はリラックス効果を与えるので、団らんの場におすすめ。夜は間接照明なども使って、優しい光を取り入れてみましょう。

❻ 手入れされた障子

破れたり穴が空いたりしたままだと、そこから金運が流れ出していきます。一部なら専用のシールを貼っておくだけでも。一年に一度は張り替えて。

❷ 清潔なじゅうたん・ラグ

足の裏は気の出入りが激しく、じゅうたんやラグの清潔さは運気を左右します。色は暖かみのある暖色系やベージュがおすすめ。

❼ 自然素材の丸みのあるテーブル

素材は木製がベスト。丸みのあるデザインは、人間関係を円満にするとされます。角のあるテーブルなら、テーブルクロスなどで目隠しすればOK。

❸ ほこりのないテレビ回り

電化製品からは静電気が発生しやすく、テレビ回りはほこりがたまりやすい場所。テレビ回りの汚れは、コミュニケーション力ダウンにつながります。

❽ 暖色系のクッション

家族団らんのリビングには、暖色系やベージュなど、落ち着いた色がおすすめ。金運なら黄色、人気を上げたいならオレンジなど、ほしい運気別に選んでも吉。

❹ 観葉植物

観葉植物は、どの部屋に置いても開運効果をもたらす、万能アイテム。気の乱れを整えたり、悪い気を浄化したりします。好みのものを選んで。

神棚の置き方

神棚を設置するなら、家族が集うリビングや和室がおすすめ。難しい場合は寝室に。お札などの神聖なものを納めておく場所なので、敬意を払って扱いましょう。

目線より高い位置に

神棚は天井近くの高い位置に。ただし、出入りの多いトビラの上は避けましょう。

南か東向きに

神棚の正面が日の当たる方向へ向くように、北か西を背にした、南か東向きに設置しましょう。

本棚やタンスの上でもOK

神棚を設置しない場合、本棚やタンスの上をきれいに整えれば、神棚替わりにお札を納める場所にしてもかまいません。

神棚の上を踏むのはNG。上の階があるときは「雲」「天」「空」と書いた紙を神棚の上の天井に貼りましょう。

第4章 キッチンは気が乱流しやすい!?の巻

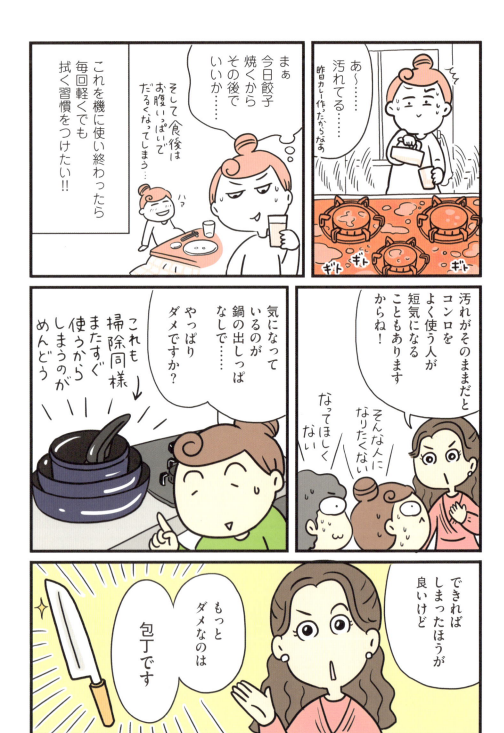

キッチン収納のポイント

ものが多く、乱雑になりやすいキッチン。
火の気と金の気が入り乱れると運気も乱れやすいので、
場所や入れ方を分けて収納することが大事です。

カトラリーは種類ごとに分ける

カトラリーは仕切りのあるケースやかごなどを使って、種類ごとに。整理された引き出しは貯蓄運が集まります。

ガラスや陶器は種類別に

食器の素材は様々なものがあるので、混在させると運気の乱れの原因に。できれば素材ごとに分けて収納しましょう。

使っていない食器は処分する

引き出物でいただいて、箱に入ったままの食器など、使っていないものがあると運気が停滞。リサイクルショップなどを利用して処分を。

食品はコンロの下に保管する

保存食や調理油、調味料など常温保存できるものは、同じ「火」の気を持つコンロの下へ。「水」の気を持つシンクの下に収納すると、気が乱れがちに。

これは NG!
キッチン編

焦げのついた鍋やフライパン

鍋やフライパンなど金属製の調理器具の焦げやさびは、金運ダウンにつながります。こびりついて取れなくなる前に、ときどき磨いて落としましょう。

シンクに洗いものが残っている

汚れたままの食器がシンクにいつまでも残っていると、どんどん悪い気が発生します。すぐに洗うのがベストですが、時間がないときは汚れを軽く拭いてからシンクへ。

冷蔵庫にお金に関するものを貼る

冷蔵庫は食材を冷やすもの。ついトビラに領収書や明細書などを貼ってしまいがちですが、お金に関するものを貼ると、金運が冷え込んでしまいます。

冷蔵庫の中がぎっしり

冷蔵庫に賞味期限切れのものが入っている、奥に何が入っているかわからないなどで整理されていない状態だと、金銭感覚が鈍り金運ダウンに。必要以上の買いだめもNG。

キッチンは気が乱れやすい上に、ゴミの悪臭などで悪い気がたまりがち。特に油汚れは金運を下げるので放置しないようにしましょう。

三角コーナーに生ゴミが残っている

三角コーナーに生ゴミを入れっぱなしだと悪臭が漂い、そこから悪い運気が発生します。生ゴミはその日中に、ふたつきのゴミ箱へ捨て、悪臭を残さないように。

冷蔵庫の上に電子レンジ

電子レンジは「火」の気が強く、冷蔵庫の上に直接置くと気が乱れやすいとされています。電子レンジの下に布や板を敷くなどして、緩和しましょう。

※下から熱が出るタイプの製品もあるため、各メーカーの取扱説明書でご確認ください。

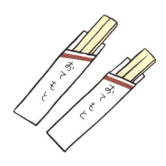

割りばしを使っている

はしは運気を運ぶアイテム。使い捨ての割りばしを使っていると、食事から得られる良い気を得られません。家族それぞれが自分専用のはしを持ちましょう。

水あかや茶渋で汚れている

よく使う食器は、どうしても茶渋や水あかなどで汚れてきます。そんな食器を使っていると、悪い気を体内に取り入れることに。漂白剤などでこまめにケアを。

理想のキッチンはこれ！

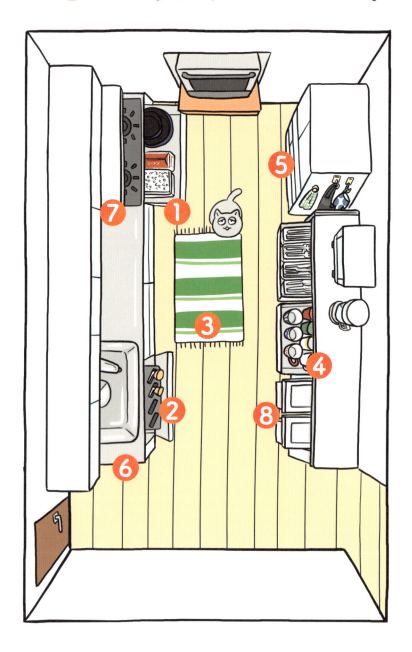

ポイントおさらい

❺ 何も貼られていない冷蔵庫のトビラ

冷蔵庫のトビラはスッキリと。レシピなど食に関するものを貼るのは良いですが、できれば何も貼らないのがベストです。側面に貼るのはOK。

❶ 米専用のケース

米は金運の象徴を意味するので、大切に扱うことが大事。米びつや専用のケースに入れて、直射日光の当たらない場所に保管しましょう。

❻ きれいなシンクや排水溝

シンクが水あかで汚れていたり、排水溝がぬるぬるしていたりすると、運気がダウン。排水溝のつまりは、悪い気を外に出すのをとめてしまいます。

❷ 包丁は見えない場所に

刃物は「切る」ものなので、見える場所にあるとあらゆる運気との縁を切ってしまいます。包丁やはさみは見えない場所に収納しましょう。

❼ 掃除された換気扇

キッチンは様々なにおいが発生するので、換気がとても大切。換気扇が汚れていると悪い気が逆流して、すべての運気が下がります。

❸ 緑色のキッチンマット

「火」と「水」の気で乱れやすいキッチンの気のバランスを取るには、緑色のキッチンマットがおすすめ。花柄やリーフ柄などでも良いでしょう。

❽ ふたつきのゴミ箱

キッチンで出るゴミはにおいがするものが多いので、ふたつきがおすすめ。悪臭による運気ダウンを防ぎましょう。目立ちにくい場所に置きましょう。

❹ 整理された食器棚

キッチンは金運を司るため、食器棚や引き出しが整理されていると、貯蓄運がアップ。よく使うものをと手前にしておくと、収納もラクに。

Lucky Column
運気がアップする ラッキーメニュー

ここではほしい運気を後押ししてくれる食べ物を紹介！
特に旬の食材には、開運パワーが強いとされています。

健康運

冷ややっこ

黒ごま和え

恋愛運

パスタ

うな重

対人運

ハーブチキン

鍋

仕事運

豚汁

ゴーヤチャンプルー

勝負運

ピザ

焼肉

金運

親子丼

フルーツを使ったもの

第5章
仕事運が上がる仕事部屋にしたい！の巻

Lucky Column
職業別 開運インテリア

仕事部屋におすすめの開運アイテムを、職業別に紹介します！

営業・サービス職

ミニ観葉植物を置くと、植物の発展の気をもらって運気アップできます。

クリエイティブ

机を南向きにすると、南の方位からひらめきのパワーをもらえます。

事務職

大きな電卓を使いましょう。数字が見やすいものがおすすめ。

教育関連

ラベンダーの香りは気分を安定させます。冷静な判断で人を成長に導きます。

専門・技術職

青白い光を放つ蛍光灯のデスクスタンドを使うと、集中力がアップ。

研究職

茶色のインテリアはこつこつと課題に取り組む忍耐強さをもたらします。

これはNG！
仕事部屋編

書類や資料を床に直置きしている

書類や資料など仕事に関するものを直接床に置くのは、仕事を下に見る行為につながり、良い仕事が寄りつかなくなります。専用ケースなどに入れましょう。

カバンを床に直置きしている

カバンを直接床に置くのは、カバンを大切にしていない行為とされ、金運がダウン。よく使うカバンはかけるか、定位置にかごを設置するなどすると良いでしょう。

机の上に不用なものが多い

仕事用の机に食べかけのおかしや、遊びに関するものなど、仕事以外のものをたくさん置いていると集中力が散漫に。必要なもの以外は片付けてスッキリさせて。

パソコンのデスクトップがぐちゃぐちゃ

パソコンのデスクトップが整理されていないと仕事の効率が下がり、情報収集力もダウン。フォルダ分けをして、デスクトップを見やすく整理しましょう。

仕事部屋のポイントは、仕事に関するものやその場所が整理されていること。環境を整えるだけで、集中力や作業効率がぐんと上がりますよ!

使ったマグカップを置きっぱなし

汚れたものを置きっぱなしにしていると、悪い気が集まってきます。机の上に飲み物を置くのはかまいませんが、仕事が終わったら後片付けを忘れずに。

タブレットの画面が割れている

仕事用のタブレットの画面が割れたままの状態で使っていると、仕事運がダウン。情報収集が遅れ、チャンスやタイミングを逃します。すぐに修理か交換を。

照明が薄暗い

間接照明などを使った薄暗い照明が良いのは、くつろぎモードのとき。頭を使って作業する仕事中には不向きです。天井照明に加えてデスクライトもおすすめ。

寝巻きのままで仕事

いくら家の中とはいえ寝巻きのまま仕事していると、オンとオフの区別がつかなくなり、仕事の効率が下がります。けじめをつけるためにも着替えましょう。

理想の仕事部屋はこれ！

ポイントおさらい

❺ 上質な仕事道具
上質なものを使うと、使う人もそれ相応の格が備わり、仕事のレベルもアップ。ペンや手帳、名刺入れは品質にこだわって、上質なものに。

❶ 整理された本棚
本棚の本は、ジャンル別、大きさ別に整理整頓し、向きをそろえて入れましょう。知識や仕事のための本と、遊びや娯楽の本は分けたほうが良いです。

❻ 大きめのカレンダー
仕事部屋のカレンダーは、スケジュール管理や予定が書き込める、スペースが広いものがおすすめ。めくり忘れるとチャンスを逃しやすくなるので注意。

❷ 分別された書類
仕事の書類は分別してファイリングを。急に必要になったときも、すぐに見つけられるようにしておくことが大切。トラブル防止にもつながります。

❼ アナログ時計
長針と短針が回り続ける時計は動きがあることから、気の流れを止めず、運気の停滞を防いでくれます。やる気や才能を引き出す赤い色がおすすめ。

❸ 所定のカバン置き場
仕事用のカバンを大切に扱うことで、仕事運が上がり金運にもつながります。また、カバンは仕事用と遊び用で使い分けましょう。

❽ 蛍光灯
仕事部屋の天井照明やデスクライトには、青白い光の蛍光灯がおすすめ。頭がスッキリして集中力や判断力が高まり、仕事の効率もアップ！

❹ 南に「目標」を飾る
部屋の南側に目標とするものや、憧れているもの、モチベーションが上がるものを飾りましょう。南のエネルギーが宿り、やる気がアップ！

Lucky Column
ほしい運気を高める
ラッキーアート・フォト

仕事部屋におすすめの開運アイテムを、運気別に紹介します！

金運

芸術作品

健康運

海や魚

全体運

空

恋愛運

花

家庭運

家族写真

仕事運

富士山

第6章
寝室の環境が健康運を決める!?の巻

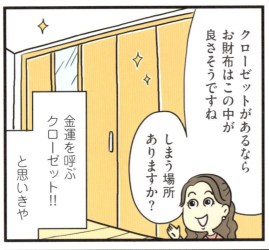

衣類収納のポイント

ゆとりがなく、ぐちゃぐちゃなクローゼットには、良い気が入ってきません。特に貯蓄運がダウン。良い気を引き寄せる収納のポイントを紹介します。

下着は上段に

肌に直接触れる下着は運気に影響しやすく、良い下着を身につけると運気が上がります。一つ一つ丁寧に畳んで上段に。

長さをそろえる

ハンガーにかけるアイテムは、スカート、ジャケットなど種類別にし、丈の長さ順に並べましょう。色ごとに並んでいるとさらにベスト。

クリーニングのカバーは外す

クリーニング後の衣類に通気性の悪いビニール袋が掛けっぱなしにしているのはNG。湿気がこもり、悪い気を寄せつけてしまいます。

くつ下はセットで収納

セットものは必ずセットで収納を。本来ペアであるべきものをバラバラにしていると、孤立の運がついてしまいます。

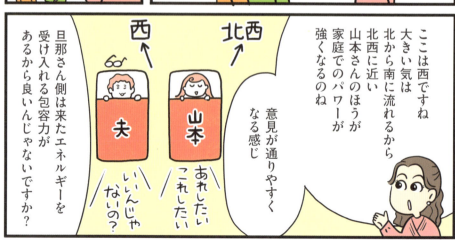

枕の方位がもたらす運気

枕を向ける方位によって、寝ているときに得られる運気が異なります。
運気を変えたい人は参考にしてみましょう。

北

万人に良く、熟睡できるもっともおすすめの方位。健康運、金運、子宝運アップに効果あり。

東北

現状を変えたい、変化がほしい人に。ただし鬼門なので、理想の寝室づくりをして補いましょう（p.108）。

東

日が昇る方位は発展の気が流れ、子どもや若い人におすすめ。仕事運、健康運、才能運アップ。

東南

人に好かれ、信頼度を上げたい人に。営業やサービス業向き。恋愛運、対人運アップ。

南

アイデアやひらめきがほしい人に。ただし、眠りが浅くなりやすく熟睡できないことも。

南西

現状を維持し、運気を安定させたい人に。ただし裏鬼門なので、理想の寝室づくりをして補いましょう（p.108）。

西

日が沈む方位は、穏やかな老後を過ごしたいなど中高年におすすめ。金運、健康運アップ。

北西

協力者との出会いや、まわりのサポートに恵まれたい人に。勝負運、仕事運を上げます。

これはNG!
寝室編

寝る直前まで スマホを見る

寝る直前まで明るい画面を見ていると、神経が休まらず眠りが浅くなります。寝ている間に得るべきエネルギーがチャージできなくなり、健康運をはじめ運気全体ダウンに。

電気をつけっぱなしで 寝る

照明やテレビがつけっぱなしで部屋が明るい状態だと、深い睡眠ができず疲れもとれなくなります。室内の気が散漫になるので、集中力も下がります。

枕まわりにものを置く

睡眠中の気は頭から入ってきます。寝る前に読んでいた本や、飾りのぬいぐるみなどで枕まわりにものが多いと、良い気が入ってくるのを妨げてしまいます。

窓やカーテンを 開けて寝る

夜の外気は「陰」の気を含んでいるので、寝るときは窓やカーテンを閉めて。起きたら一番に窓を開け、新鮮でエネルギーの強い良い気を取り込みましょう。

質の良い睡眠を得られれば健康が保たれ、頭がさえて仕事もうまくいくなど、すべての運が上がっていきます。そのためには気のバランスが保たれた環境づくりが大切です。

フローリングに布団を敷いて寝る

風水では、フローリングは地面と同じとされるので、直接布団を敷いて寝ると直接地面に寝ることになり、運気がダウン。布団を敷くならマットレスかすのこを使って。

寝巻きに着替えずに寝る

寝るときは寝巻きに着替えるのが、TPOに合わせた行動。着替えずに寝ると起きているときとのメリハリがつかず、気の流れが停滞し、行動力が下がります。

ベッドで食事をする

ベッドは寝るための場所。本来の目的と違う場所で物事を行うと、睡眠で得られる気も、食事で得られる気も得られなくなってしまいます。食事はテーブルで。

1日中布団の上でゴロゴロする

朝から晩までゲームをして過ごしてしまうなど、一日の行動にメリハリがないと、気の流れが滞り、運気がダウン。休日でも規則正しい生活が開運体質に。

理想の寝室はこれ！

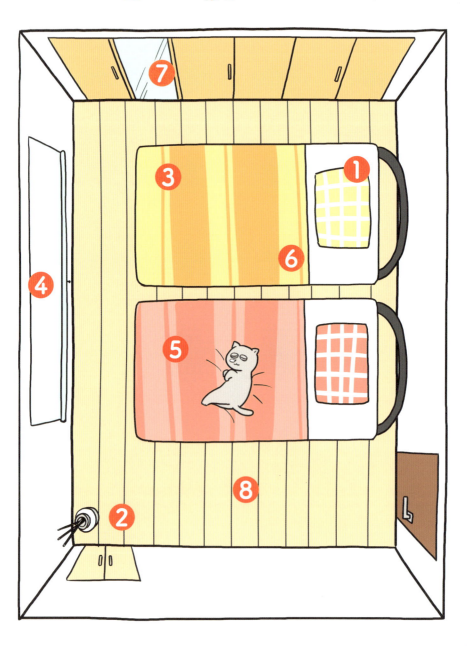

ポイントおさらい

❺ 暖かみのある色合いの寝具

寝具はパステル系など、暖かみのある色が吉。派手な色柄は安眠を妨げ、運気を乱します。モノトーンは停滞をもたらすので避けて。

❶ 枕元はスッキリ

枕のまわりにはものを置かず、スッキリさせましょう。特に電化製品はNG。スマホも離れたところへ。大きめの枕は仕事運アップに。

❻ ベッドメイキングがされている

起きた状態の布団を整えるベッドメイキングは、朝と夜のスイッチを切り替える行為。一日の行動にもメリハリがつき、運気の流れが活発に。

❷ 香りグッズ

リラックスした眠りを誘う香りグッズはおすすめ。鬼門、裏鬼門に寝室がある場合などに置くと運気ダウンを防げます。好みの香りを選んで。

❼ 鏡は寝姿の映らない位置に

寝姿が映る位置に鏡があると、生気を吸い取られてしまうとされます。どうしても映ってしまう場合は、布をかけるなどで隠しましょう。

❸ 清潔な寝具

寝具は睡眠中出る汗を大量に吸っています。湿ったままでは悪い気がどんどん発生してしまうので、布団は定期的に干し、シーツやカバーは洗濯を。

❽ ペットのトイレを置かない

トイレは悪い気を発生させます。寝室はとにかく良い気を保つことが重要なので、悪い気が発生するものは排除しましょう。

❹ 遮光カーテン

寝室のカーテンは、厚手の遮光カーテンがおすすめ。カーテンをしっかり閉めて、夜の「陰」の気の侵入を防ぎましょう。

運気を引き寄せる ラッキーモチーフ

Lucky Column

五行の考えに基づいて、モチーフや模様に
それぞれの運気が宿っていると考えられています。
インテリアの模様選びの参考にしてみましょう。

健康運
- クローバー
- リーフ

対人運
- ドット
- ストライプ

仕事運
- 幾何学
- 星

全体運
- ペイズリー

金運
- チェック
- アニマル

恋愛運・家庭運
- ハート
- 花

第7章 明るいトイレが運気を上げる!?の巻

これはNG!
トイレ編

トイレでメールをする

悪い気が漂うトイレでメールをすると、メールを送った相手との間にも悪い気が生じ、関係にひびが入ってしまいます。メールはトイレを出てからに。

トイレに長居する

汚物を排出するトイレには悪い気が漂っているので、本を読んだりゲームをしたりして長居すると運気がダウン。必要以上に滞在するのはやめましょう。

トイレットペーパーを買いだめしている

トイレットペーパーだけでなく、必要以上のものの買いだめは、自分のことしか考えていない行為。自分勝手のエネルギーが生じ、対人運ダウンにつながります。

カレンダーを貼る

トイレで立てた計画には悪い気がつき、滞りがち。カレンダーを貼るには不向き。特にドアに貼ると気の出入りを妨げ、どんどん悪い気がたまってしまいます。

トイレは排出物を出すところなので、基本的にマイナスの気が漂っています。過ごし方や置いておくものに注意が必要です。

自分の作品を飾る

トイレに絵を飾るのは良いですが、自分の作品を飾るのには不向き。トイレの悪い気がついて、その人の才能を生かせなくなってしまいます。

ふたが開けっぱなし

トイレに悪い気を発生させる一番の要因は便器。室内に悪い気が充満するのを防ぐために、使用後はふたを閉めることを習慣にしましょう。

マットやカバーを黒で統一している

黒で統一するとトイレの悪い気が浄化されず、運気も悪いまま停滞してしまいます。マットやタオルはパステル系などの明るい色を取り入れましょう。

ゴミ箱にゴミがたまっている

ゴミ箱は悪い気を発生させます。ただでさえ悪い気が漂うトイレにさらに悪い気が増えてしまうと、運気ダウンが加速します。ゴミはこまめに捨てましょう。

理想のトイレはこれ！

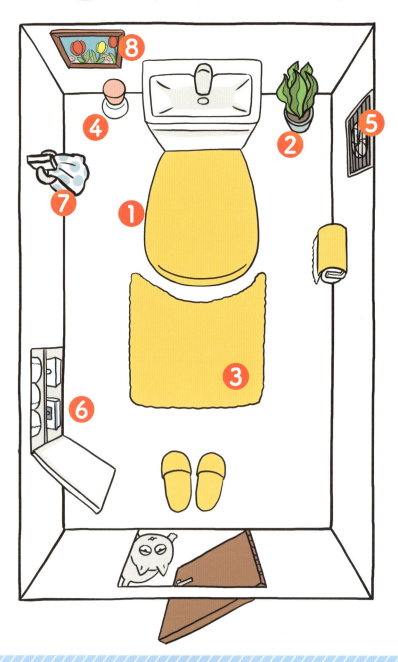

ポイントおさらい

❶ きれいな便器
便器をきれいにしておけば、悪い気の発生を大幅に防げます。特に健康運、美容運に影響大。毎日サッと拭くだけでも良いので、掃除するのが理想です。

❷ 炭や観葉植物
炭や観葉植物は浄化作用が強いので、トイレのインテリアにおすすめ。空気清浄機を置いてもOK。トイレの空気がきれいだと、集中力がアップ。

❸ マットか専用のスリッパ
トイレの床から悪い家の中全体に広げないように、マットを敷くか、専用のスリッパを置きましょう。スリッパは半年に一度は交換しましょう。

❹ 消臭剤や香りグッズを置く
トイレの悪臭は、悪い気を発生させます。まずは消臭剤を置いて悪臭を除去することが大事。さらにアロマや芳香剤などで良い香りを香らせるとベストです。

❺ 長めに換気する
においがこもりやすいトイレは、こまめな換気が必須。窓がない場合は長め換気扇を回して空気を循環させましょう。ドアの開けっぱなしはNG。

❻ 掃除グッズは隠す
トイレ用の掃除グッズを置いておくのは良いですが、むき出しにしておくと健康運を損なう原因に。見えないように収納しましょう。

❼ 清潔なタオル
タオルはできれば毎日取り換えましょう。悪い気がついたタオルを使い続けていると運気が上がらず、仕事も健康も不安定になります。

❽ 絵を飾る
室内を彩りましょう。殺風景なトイレは運気の停滞を招きます。飾る絵は、風景画や花などがおすすめ。自分が描いた作品以外のものを。

Lucky Column
インテリア選びに役立つ色の開運パワー

赤

恋愛運、愛情運、自己アピール、才能アップ、活力

ピンク

恋愛運、愛情運、自己肯定感を上げる、若々しさ

オレンジ

対人運、家庭運、恋愛運、愛情運、人気を集める

黄

金運、仕事運、才能アップ

緑

健康運、人間関係運、リラックス、癒し

青

仕事運、健康運、判断力

紫

人間関係運、仕事運、才能アップ

黒

子宝運、休息、停滞

白

健康運、新しいことを始める

茶

家庭運、仕事運、安定

金

金運、仕事運、向上心アップ

銀

金運、仕事、協力者に恵まれる

第8章 浴室は厄落としの場所の巻

これはNG!
浴室編

洗濯に残り湯を使う

入浴後の残り湯には、身体についた「汚れ＝厄」が含まれています。洗濯物をそのような水で洗うと運気がダウン。せめてすすぎだけは、きれいな水を使いましょう。

使いかけのケア用品がたまっている

開封したケア用品は使わずそのままにしていると劣化してしまい、使いものにならなくなります。古いものから悪い気が発生し、美容運がダウン。さらには老化の原因に。

洗面所でメイクする

洗面所は顔や手を洗うなど汚れを落とすための浄化の場所。メイクは「飾る」という行為で目的が違うので美容運を損なう原因に。メイクは専用の鏡の前でしましょう。

洗濯物がかごからあふれている

汚れた服は、放置する時間が長いほど悪い気が発生していきます。毎日洗濯できなくても、かごからはみ出すほどためないようにまめに洗いましょう。

体についた厄を落とし切るには、浴室が良い気で満たされていることが大事。湿気やカビは大敵。水滴を残さないように心がけましょう。

ドライヤーが出しっぱなし

ドライヤーは「火」の気を持つので、「水」の気を持つ洗面所にあると気のバランスを乱します。使ったら引き出しの中などに片付けましょう。

ボトルを乱雑に置いている

シャンプーやリンスなどが、床に乱雑に置かれていると運気ダウンのもと。特に直置きはNG（p.133参照）。使用後は、定位置に戻しましょう。

残り湯をためっぱなし

残り湯をためたままにしていると、悪い気が発生する原因となります。残り湯は厄を含んでいるので、翌日に使うと厄に浸かるようなもの。湯は毎日入れ替えて。

ぬれたままのバスマット

バスマットを敷きっぱなしだと湿気が発生し、悪い気の温床に。素足で接するものは運気に影響しやすいので、使用後はすぐに外し、毎日清潔なものに取り換えて。

理想の浴室はこれ！

132

ポイントおさらい

❺ つまりのない排水溝

排水溝のつまりは運気のつまりといわれ、髪の毛などでつまっていると、悪い気が流れ出ず、不運続きに。入浴後に取り除く習慣をつけるとベスト。

❶ 磨かれた鏡

鏡は風水の中でも開運アイテムです。バスルームの大きな鏡は影響力大。鏡は自分を映すものなので、水あかなどを残さずいつもきれいに磨いておきましょう。

❻ 清潔なバスグッズ

汚れやぬめりのついた洗面器やバスチェアを使っていると、健康運を下げ体調を崩しがちに。ときどき消毒をして、清潔を保ちましょう。

❷ 清潔なボトル

シャンプーやリンスなどの容器は床に直置きせず、ラックに置くかかける収納を。ボトルの底のぬめりやカビは、悪い気が発生する原因になります。

❼ 水あかのない洗面台

洗い場となる洗面台が水あかなどで汚れていると悪い気が落としきれず、運気ダウンにの原因に。使い終わったらサッと拭き、水滴は残さずに。

❸ 分別された脱衣かご

汚れた服を入れる脱衣かごは、種類や色、汚れ具合などで分別してあるとベスト。服を丁寧に扱うことは家庭運につながり、魅力がアップ。

❽ 整理されたケア用品

洗面所の美しさは、美容運に影響します。使ったケア用品を出しっぱなしにする、使いかけのものが残っているなど乱雑な状態にしないこと。

❹ 清潔なタオル

せっかくきれいに洗った手や身体を、不衛生で悪い気がついたタオルで拭いてしまったら台無し。タオルは毎日清潔なものに取り換えましょう。

Lucky Column
身につけて開運！アクセサリー＆パワーストーン

キラリと輝くアクセサリーは、良い気をもたらすアイテム。
天然石も効果抜群。持ち主の運気を上げてくれます。

恋愛運
ローズクォーツ
ピンキーリング

金運
ルチルクオーツ
純金のイヤリング

健康運
アメジスト
アンクレット

家庭運
アクアマリン

真珠のペンダント

仕事運
タイガーアイ

人差し指に指輪

対人運
ラピスラズリ

ロングネックレス

第9章

物置をスッキリさせて開運！の巻

これはNG!
物置編

段ボールで収納している

段ボールは紙なので湿気を吸います。湿気は悪い気を集め、中に入っているものにも悪い気がついてしまうので、専用のケースや棚を使いましょう。

窓を開けない

居住空間としては使っていない物置でも、空気の入れ替えをしないと湿気とほこりから、どんどん悪い気が発生します。ときどき窓を開けて換気をしましょう。

季節家電を
ビニールに入れている

家電は「金」の気を持ち、ビニールの「水」の気と相克の関係。気が乱れて家庭内が不仲になるとされます。家電は、布や箱に入れて収納を。

捨てるものの
保管場所になっている

捨てるものや不要なものを置いているのは、物置を大きなゴミ箱としているのと同じこと。家全体の運気が下がります。使う予定があるものの一時保管ならOK。

> 物置は使っていないものを置く場所なので、ものをお休みさせる場所でもあります。とりあえず置いておくためのゴミ置き場ではないことを、理解しておきましょう。

ものがほこりをかぶっている

物置は、普段使わないものの置き場。放置するとほこりがたまってしまいます。ほこりは邪気そのもの。大切なものなら、ときどき手入れするようにしましょう。

布団をむき出しで置いている

布団を物置にむき出しのまま置いていると、ほこりや湿気とともに邪気を吸い込んでしまいます。物置は特にこもりがちなので、布団は圧縮袋やケースに入れて。

現在使っている財布や仕事道具を置く

物置は休ませるための場所なので、今使っているものを置くと、停止モードに。財布や仕事道具の置き場所にすると、金運や仕事運が停滞してしまいます。

神棚や仏壇を置いている

物置は使っていないものを休ませる場所。毎日見守っていてもらいたい神様やご先祖の居場所には不向きです。敬意を払わない態度につながり運気ダウン。

これを捨てれば運気回復!

古いものや不要なものには、悪い気が宿っています。
見てみぬふりをせずに潔く捨て、新たな良い気を取り込みましょう。

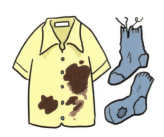

汚れがとれなくなった服

直接肌に触れる下着やくつ下は、影響大。うす汚れはじわじわと運気をむしばみます。古くなっていると感じたら、新しいものに買い替えましょう。

不要な領収書や郵便物

不要な領収書や郵便物はゴミと同じです。それを置いている部屋の運気に影響するので、たまっているなら今すぐ処分を。必要なら、整理してしまっておくこと。

大きくて不要なもの

大きくてスペースをとるうえに使わないものは、気の通り道をふさぎ、家庭内を不仲に。大きなものはエネルギーが強いので要注意。

何年も着ていない服やくつ

3年着ていない服やくつは、不要なものと判断して。あるだけで「不要」の気が生じ、良い出会いや人間関係を疎遠にしてしまいます。

第10章

子ども部屋や外観も運気を左右する！の巻

理想の子ども部屋はこれ！

ポイントおさらい

❺ シンプルな壁紙

壁紙はシンプルに。小学生までは柄の多い壁紙やステッカーなどを貼っていても良いですが、中学生以降は集中力散漫になります。成長に合わせることも大事。

❶ 清潔な寝具

シーツや枕カバーは綿素材に。子どもはよく汗をかくため布団にも湿気がたまりやすいので、こまめに干しましょう。暖かみのある色合いのものを選んで。

❻ 目標の人の写真やポスターを貼る

目標や憧れの人の写真やポスターを貼ると、モチベーションがアップ。プロスポーツ選手、芸能人など誰でもOK。好きな言葉やスローガンを書いて貼っても。

❷ 青白い照明のデスクライト

勉強机のデスクライトは、青白い照明のものを。青白い光は集中力を高めるので、勉強するときにおすすめ。書斎のデスクライトにも○。

❼ 子どもの作品や賞状を飾る

子どもが自分でつくった作品、賞状やトロフィーなどを飾ると、引き立ててくれる人との出会いを引き寄せます。ほこりをためないように、手入れはまめに。

❸ 明るい色柄のカーテン

さわやかな明るい緑、パステルオレンジ、サーモンピンクなど、部屋全体が明るい印象になる色のカーテンを選びましょう。柄は派手すぎないものを。

❹ 遊び道具は見えない場所に

勉強時間は、ゲーム機などの遊び道具は見えないように片付けを。部屋を散らかさないように収納ケースはふたつきのものを使いましょう。

❽ 木製の家具

勉強机や本棚は木製を。木が持つ成長の気が、子どもの健やかな成長や才能アップを促します。スチール製のものは集中力や持続力を失いがち。使うなら机の下にマットを敷いて。

子ども部屋に関するギモン スッキリ解決！

子ども部屋がない場合は？　二人部屋だったらどうするの？
様々な疑問にお答えします。

Q リビングで勉強させてもいいの？

A 低学年までは問題ありません。親の目が行き届くので、むしろ良いこと。ただしテーブルの上は、テレビのリモコンなどを乱雑にしないこと。勉強と関係ないものが置いてあると注意力が散漫に。リビングに、勉強用の机を設置しても良いでしょう。

Q 二人部屋の机のレイアウトはどうすべき？

A 二人部屋の場合、勉強机は横に並べるか、背中合わせにしましょう。横並びは仲間意識が高まるレイアウト。会話がしやすいので二人の仲が良くなります。それぞれが集中して勉強させたいなら、背中合わせがおすすめ。

Q 2段ベッドは良くないって本当？

A あえておすすめはしませんが、ダメというわけではありません。2段ベッドは重なって寝ていることになるため、お互いの影響を受けやすく、どちらかの状態が悪くなったときに巻き込まれる恐れがあります。逆に良いときは相乗効果もあるということです。

Q ロフトを子ども部屋にしてもいいの？

A ロフトはものを置いておくための場所。そこにあるものを休ませる「停滞」の気を持つので、子ども部屋にするとその子の成長を妨げてしまいます。寝る場所として利用すると、健康運がダウン。生活スペースではなく、収納場所として利用しましょう。

どんなパワーが強くなる？
子ども部屋の方位

方位によって、その部屋を使う子に与える気のエネルギーも異なります。

北

北は、静かで落ち着き、集中力がアップする方位。勉強をするには最適の方位なので、子どもに学力をつけさせたい場合などは、おすすめです。

東北

忍耐力が養われるので、こつこつ勉強するにはぴったり。また、家族を大切にするようになるともいわれています。鬼門の方位なので、清潔に保つことが大事です。

東

日が昇る方位は発展の気が強く、特にスポーツや音楽の能力を上げたい子におすすめ。午前中に窓を明け、朝のエネルギーを取り込みましょう。

東南

社交性やコミュニケーション力がつく方位なので、人見知りのない朗らかな子に育ちます。いい香りのものと相性が良いので、インテリアにぜひ取り入れて。

南

日差しがたっぷり入り、「陽」の気にあふれます。芸術的センスやアイデアを引き出す方位なので、感性を生かした、才能を伸ばしたい子におすすめ。

南西

穏やかな気が流れる方位なので、心身ともに安定し、気分のムラがなくなります。まじめで忍耐強い子に育ちます。裏鬼門の方位なので常に清潔に。

西

金銭感覚が養われる方位。無駄遣いや浪費グセのない子に育ちます。輝くものをインテリアに取り入れると、良い気が引き寄せられてきます。

北西

やる気や向上心がアップする方位。目標を高く持つことで勝負強さをつけ、才能を発揮していきます。リーダータイプの子におすすめ。

土地を選ぶなら？

土地のエネルギーは強く、住む人に大きな影響を与えるだけに、土地選びはとても大事なプロセスです。例えば「南側が開けている南東の角地」は長時間陽の光が家に入り、よいエネルギーが集まる最高の条件。また四角い土地やカーブやL字の内側など、様々な良い土地の条件はありますが、自分がその場所に行ったとき、「気分が良い」「ずっとここにいたい」と感じる場所かどうかも注意してみましょう。

しかし実際は、理想的な土地を選べるとは限りません。気になる部分があっても、「玄関を吉方位に」「家の形を整える」「盛り土をしてから家を建てる」などの対策で、少しでも良い気を引き寄せましょう。

避けたい土地

- **高い山・川に近い土地**
  水はけが悪く、湿気の影響を受けやすい。

- **周りより低い土地**
  気がよどみやすく、あまり良くありません。

- **T字路の突き当たり**
  突き当たりは事故が起こりやすく、要注意の土地。

- **三角形の土地**
  三角形の建物は耐震性も悪く、凶。土地を四角く使えば問題ありません。

良い土地

- **東南の角地**
  リラックスでき、穏やかに過ごせるとされます。

- **南側が開けた土地**
  日当たりが良く、「陽」の気にあふれます。

- **四角い土地**
  はりやかけがなく、理想的な土地。

- **カーブの内側の土地**
  カーブの内側はお金が貯まりやすいとされます。

屋根の色を選ぶなら？

引っ越しや家を購入する際に屋根の色で家を決めることはあまりないと思いますが、マイホームのメンテナンスで屋根を塗り替えるときには、色に迷うことがあるでしょう。

見た目にも面積が大きいので運気に影響すると思われがちですが、屋根の色はそれほど運気に大きく関わるものではありません。色選びも基本的には自由。外壁とアンバランスにならない色調ならどんな色でも問題ありません。どうしても決められない場合は、122ページのラッキーカラーを見て、ほしい運気の色を選んでも良いでしょう。

下記に玄関の方位別におすすめの色も紹介していますので、迷ったときは参考にしてみてください。

玄関の方位別　おすすめの屋根の色

- 東南：緑、オレンジ
- 東：紺、緑
- 東北：ダークブラウン、赤
- 北：黒、グレー
- 北西：シルバーグレー、青
- 西：黄、黒
- 南西：ワインレッド、黄
- 南：朱赤、茶

外壁の色を選ぶなら？

　外壁の色は屋根と同様、それほど運気に関わるものではありません。もっとも大切なのは、その家にどう住むかです。いくら外壁にラッキーカラーを取り入れても、家の中が汚れていたり、ものだらけで片付いていなかったりする家に、良い気はやってきません。また外壁は家に入るときに最初に目につくところなので、その家に住む人のモチベーションにつながります。鬼門の玄関など、間取りがどうしても悪い場合に、外壁にラッキーカラーを取り入れて運気を補うという方法もあります。

　とはいえ、外壁の色はそんなに簡単に変えられるものではないので、変えるタイミングがあったときに考えると良いでしょう。

外壁の配色

同系色か同じ色の濃淡などで
まとめたほうが、運気が安定します。

極端に違う配色は
運気が整わず、不安定になります。

外壁の色と効果

青

静かで落ち着いた生活をもたらします。

ベージュ・茶

仕事運や家庭運が安定します。

白

スタートや再スタートがうまくいきます。

黒

プライベートと仕事をしっかり分けられます。

ピンク

家族や人間関係に恵まれます。

グレー

自宅の時間を大切にするようになります。

赤

アイデアや才能が発揮されます。

黄・オレンジ

明るくにぎやかで社交的な暮らしに。

緑

健康に過ごせ、思いやりの心が育まれます。

監修者
開運セラピスト　紫月香帆（しづきかほ）

幼い頃より占いや家相・風水に親しんで育ち、高校在学中から女優など芸能活動を始める。独学で九星気学を習得、のちに本格的に手相を学ぶ。四柱推命、風水、九星気学、手相・人相などを得意とし、そこにタロットや姓名判断などを取り入れ、豊富な占術の知識を活かした鑑定をする。的中率の高さとわかりやすく具体的なアドバイスに定評がある。テレビや雑誌、携帯コンテンツなど多方面で活躍中。パワーストーンにも精通し、オリジナルデザインショップ（「光運shop」https://kouunshop.base.shop/）も運営。『やってはいけない風水』（河出書房新社）など著書多数。

マンガ・イラスト
山本あり（やまもとあり）

漫画家・イラストレーター。東京都出身。「食」が好きすぎて高校在学中に調理師免許を取得。桑沢デザイン研究所卒業。著書に『世界ぱんぱかパンの旅』北欧編・ロンドン編（イースト・プレス）、『まんぷく横浜』（KADOKAWA）、『アメリカ横断 我ら夫婦ふたり旅』（産業編集センター）、『冷蔵庫のアレ、いつ使うの？』（幻冬舎コミックス）、『明日晴れたら、日帰り旅行へ』（平凡社）など。食や旅に関する著書を多く手がけている。

Staff
本文デザイン ── 東京100ミリバールスタジオ（石倉大洋）
執筆協力 ── 元井朋子
編集協力 ── 株式会社スリーシーズン（藤門杏子）
編集担当 ── ナツメ出版企画株式会社（田丸智子）

風水で開運部屋になりました。（ふうすいでかいうんべやになりました）

2024年12月6日　初版発行

監修者／紫月香帆（しづきかほ）　Shizuki Kaho, 2024
マンガ／山本あり（やまもとあり）　Yamamoto Ari, 2024
発行者／田村正隆

発行所／株式会社ナツメ社
東京都千代田区神田神保町1-52　ナツメ社ビル1F（〒101-0051）
電話　03（3291）1257（代表）　FAX　03（3291）5761
振替　00130-1-58661

制　作／ナツメ出版企画株式会社
東京都千代田区神田神保町1-52　ナツメ社ビル3F（〒101-0051）
電話　03（3295）3921（代表）

印刷所／ラン印刷社

ISBN 978-4-8163-7642-9
Printed in Japan

〈定価はカバーに表示してあります〉
〈落丁・乱丁本はお取り替えします〉
本書の一部または全部を著作権法で定められている範囲を超え、ナツメ出版企画株式会社に無断で複写、複製、データファイル化することを禁じます。

本書に関するお問い合わせは、書名・発行日・該当ページを明記の上、下記のいずれかの方法にてお送りください。電話でのお問い合わせはお受けしておりません。
・ナツメ社webサイトの問い合わせフォーム　https://www.natsume.co.jp/contact
・FAX（03-3291-1305）
・郵送（上記、ナツメ出版企画株式会社宛て）
なお、回答までに日にちをいただく場合があります。正誤のお問い合わせ以外の書籍内容に関する解説・個別の相談は行っておりません。あらかじめご了承ください。